Doe vaker een dutje

www.boekerij.nl

Francesco Marciuliano

Doe vaker een dutje

En andere lifehacks van katten

BOEKERIJ

ISBN 9789022591093
NUR 370

Oorspronkelijke titel: *You Need More Sleep: Advice From Cats*
Vertaling: Jonas de Vries
Omslagontwerp: Hillary Caudle, bewerkt door Pinta Grafische Producties
Omslagbeeld: © Shutterstock.com/MaxyM
Zetwerk: Steven Boland

Opgedragen aan de kat uit mijn jeugd, Bettina, die me alles heeft geleerd wat ik weet – behalve hoe je kunt blijven slapen zonder van de koelkast te lazeren.

Inhoud

Inleiding

Luister naar je kat

Hoe vaak is het niet voorgekomen dat het je even te veel dreigde te worden, maar dat je toen naar je kat keek die uitgestrekt op de salontafel lag, genietend van het vijfde uur van zijn derde dutje die dag? Hoe vaak heb je niet gewikt en gewogen over iets onbenulligs, om vervolgens te zien hoe Poekie voor het oog van iedereen zijn blaas leegde, waarbij hij jou even aankeek met een blik van: *Is er wat?* Hoe vaak werd je niet gekweld door besluiteloosheid, om ineens uit je gedachten op te schrikken wanneer de kat achteloos een glas van tafel schoof, omdat het nou eenmaal dinsdag is en dat soort dingen nou eenmaal moeten gebeuren?

Katten leven al sinds mensenheugenis een leven vol zelfvertrouwen, complete onafhankelijkheid en zalige onverschilligheid, terwijl de mens zichzelf tot het uiterste drijft met zijn onzekerheden, emotionele afhankelijkheid en het schokkende besef dat het berichtje dat ze zojuist hebben geappt, getwitterd of ge-e-maild wel eens het einde van hun baan, relatie of reputatie kan betekenen.

Maar wanhoop niet, tobber. De katten kunnen je helpen. Jazeker, voor het eerst in de geschiedenis hebben onze muizenjagende meesters al hun wijsheid en inzichten verzameld in een levensveranderend en egostrelend boek, in de wetenschap dat hun manier van leven de juiste is. Of het nu gaat om de liefde, het doorstaan van sociale gelegenheden of het beklimmen van de carrièreladder (om er vervolgens achter te komen dat je niet meer naar beneden durft), de katten in dit boek zullen je uitleggen hoe je voor gemoedsrust, zelfverzekerdheid en een bijna onnatuurlijke zelfingenomenheid kunt zorgen, ook als je liever in je blootje rondjes door de woonkamer rent.

Begin dus vooral met lezen en sla de volgende bladzijde van je leven om. Misschien dat je dan, als je een kat zijn ding ziet doen, kunt uitroepen: 'Ja! Dat is hoe ik mijn leven moet leiden!' Om vervolgens tegen beter weten in te glimlachen, omdat hij zich niets aantrekt van wat je net zei.

I

PERSOONLIJKE RELATIES

Voor als je zo nu en dan beseft dat je in hetzelfde huis woont als iemand anders.

Blijf altijd op tien meter afstand van je geliefde

Een gezonde relatie gaat evenzeer om samenzijn als om persoonlijke ruimte. De beste manier om voor dat laatste te zorgen is door nooit, maar dan ook nooit stil te zitten. Als je partner de kamer binnenkomt, kom dan overeind en sluip weg. Als ze je volgt, schiet dan de trap op. Blijft ze je achternazitten, ren dan naar de slaapkamer, bots tegen de kastdeur, vlucht de overloop op, sprint naar de werkkamer, veeg alle kantoorspullen van het bureau, donder in de prullenmand en vlieg de trap weer af. Blijf rennen totdat je partner naar haar werk gaat en jij je acht uurtjes zalige rust krijgt die jullie beiden nodig hebben om de liefde te laten opbloeien.

Toon je genegenheid met cadeautjes

Er is geen mooier gebaar dan met een cadeautje aan de ander duidelijk maken dat je van haar houdt. Je partner zal het geschenk – en de tijd en moeite die het je heeft gekost om het te bemachtigen – zeker waarderen. En jij zult tot je genoegen merken dat je nog steeds in staat bent een dikke kraai te verschalken. Zorg er alleen voor dat het cadeau intact is. Een halve verjaardagstaart is ook maar zozo, dus waarom iets geven wat zijn kop mist?

Mocht dat te inspannend zijn, dan kun je je geliefde ook het mooist denkbare geschenk geven: jezelf, nadat je hebt liggen rollenbollen in het lint dat ze vergeten was op te bergen.

Verander voortdurend waar en wanneer je aangeraakt wilt worden

Net als een virus moet een liefdesrelatie muteren om te kunnen overleven en gedijen. Daarom is het zo belangrijk om de ander te verrassen door dingen ineens niet meer leuk te vinden. Wispelturigheid geeft je partner een broodnodige emotionele opkikker: na te zijn teruggedeinsd van haar aanraking kom je later, als ze op het toilet zit, weer terug voor kusjes en knuffels.

Levenslange affectie duurt hooguit zes seconden

Liefde is nooit zo ingewikkeld als mensen je willen doen geloven. Het gaat er gewoon om dat je partner je overlaadt met affectie in die korte periode tussen het tonen van oprechte tederheid en de eerste tekenen van het stockholmsyndroom. Waarna je kunt besluiten te ontsnappen of te blijven liggen totdat zijn benen beginnen te slapen en de drang om te plassen ondraaglijk wordt. Dat laatste onderstreept trouwens een andere levensles: liefde gaat gepaard met offers.

Overlaad je partner niet met liefde, maar toon wel je goede wil

Toon nooit te veel affectie. Hoe vaker je je gevoelens met haar deelt, hoe gewoner het wordt en hoe minder betekenis het krijgt. Wees spaarzaam met je genegenheid, maar treed dan wel doortastend op. Duw je kop – onverwacht hard – tegen haar kin. Lik niet alleen haar neus, maar ook haar neusvleugel, om haar eraan te herinneren hoe raar dat is in gezelschap. Ga op haar gezicht zitten totdat het blauw aanloopt.

Kort gezegd: doe alles wat nodig is om haar om vier uur 's ochtends te laten opstaan, wat immers het beste moment is om ontbijt voor je klaar te maken – of om haar officieel dood te laten verklaren.

Wat van hem is, is nu van jou

Relatie: twee geliefden die gaan samenwonen en al hun bezittingen in een kleine huurwoning proppen. Dat is ook precies waarom de spullen van je geliefde nu van jou zijn, hoe goed hij ook zijn best doen ze voor je verborgen te houden. In relaties gaat het nou eenmaal om geven en nemen (en dan vooral om nemen).

Ga er dus vandoor met een van zijn lievelingssokken. Dompel je poot in zijn glas om een ijsblokje of olijf te pikken, of om te ontdekken hoe die eenentwintig jaar oude single malt nou eigenlijk smaakt. Speel met al zijn bezittingen en vooral met de spullen die beschreven worden als ‘breekbaar’. Hoe meer je ze als gedeeld bezit beschouwt, hoe minder zorgen je je hoeft te maken over een ongelukje hier en daar.

Toon NU interesse in je partner

Schaken heb je natuurlijk nog nooit gedaan, maar dit is het uitgelezen moment om op het speelbord te springen en een paar stukken te verplaatsen, gewoon om te kijken hoe het werkt. Je hebt nog nooit wagyubiefstuk geproefd, maar als je toch in de buurt van het bord van je partner bent, kun je net zo goed even proeven, toch? Scheren is niet echt jouw ding, maar je kunt toch best even je partner helpen door zijn scheermes steeds weer de juiste kant op te duwen?

Als je interesse toont in je partner, zal de band alleen maar hechter worden... of hij sluit je op in de slaapkamer, in welk geval het noodzakelijk wordt patience te leren spelen op die dure iPad.

Begroet de vrienden van je partner eenmalig

En dat betekent niet telkens als je ze passeert: het betekent echt maar één keer, wanneer je de kamer binnenkomt... om vervolgens stoicijns door te lopen totdat je de kamer weer uit bent.

Tenzij de kamer natuurlijk maar één deuropening heeft. In dat geval moet je rechtsomkeert maken terwijl je – met afgewende blik – een ommetje onder het meubilair door maakt of strak tegen de muur blijft plakken. Als iemand je naam roept, blijf dan minstens een uur stokstijf staan of zet meteen een sprintje in naar de deur zonder ook maar acht te slaan op wat je omstoot of achter je aan sleept.

Kijk naar je geliefde alsof je zijn naam nog weet

Komt het geregeld voor dat je partner naar je kijkt, blijft kijken en vervolgens opzichtig begint te kuchen in jouw richting, en wend je dan je blik af om uit het raam te gaan staren? Dat komt omdat mensen die in een relatie zitten zich erkend willen voelen. Kijk zo nu en dan vol bewondering naar je partner, van achter het gordijn, wanneer je aan zijn greep probeert te ontkomen. Dat geeft hem een prettig gevoel en hopelijk besluit hij dan om ergens anders naar te gaan kijken.

Vertrouw degene die jou regelmatig van voedsel voorziet

Sommige mensen liegen. Andere stellen je teleur. En weer andere zijn zo dom dat de hond van de buren vergeleken met hen Albert Einstein is. Maar iemand die elke ochtend uit bed komt om ervoor te zorgen dat je maagje goedgevuld is, die kun je volledig vertrouwen.

Tenzij ze eerst naar de badkamer gaat. Of eerst haar eigen ontbijt klaarmaakt. Of je ineens een ander merk brokjes voorzet. Of een pil in je eten probeert te verstoppen. Of het water te dicht bij je etensbakje neerzet. Of niet wil dat je aan háár ontbijt begint zodra je klaar bent met het jouwe. Op zulke momenten besef je dat je beter af bent in je eentje.

Drie regels voor een lange, liefdevolle relatie

1. Geef je partner nooit het idee dat jullie een relatie hebben.
2. Probeer de indruk te wekken dat de opluchting die je voelt na een scheetje te hebben gelaten een teken van genegenheid is.
3. Geef je partner alleen een knuffel wanneer hij aan het slapen is, zodat je verder geen gedoe krijgt.

Samen een uitje? Vertrek als eerste

Gebeurt het iets te vaak dat je in het weekend niets anders doet dan dutten op de bank, gezellig tegen je partner aan gevlijd? Kies dan eens voor wat anders door op stel en sprong te vertrekken. Na een paar uur zal je partner beseffen dat je weg bent en aan een razende zoektocht beginnen. Een en ander kan uitgroeien tot een spannend uitje, aangezien ze plekken zal bezoeken waar ze anders zelden komt, zoals de kruipruimte of de zolder.

Keer die nacht of de daaropvolgende ochtend plotseling terug en luister toe terwijl ze vertelt hoe ze de hele dag op handen en knieen naar je heeft gezocht. Glimlach liefdevol en denk aan al die mooie herinneringen die jullie er nu bij hebben.

Laat je nooit door iemand aankleden

Veel mensen vinden dat ze oog voor mode hebben en 'volledig naakt' lijkt niemand tegenwoordig meer te waarderen. Maar alleen jij gaat over jouw uiterlijk; accepteer dus geen enkele bemoeienis. Blijf je kop wegdraaien terwijl je partner probeert je een truitje aan te trekken of een verjaardagshoedje of – godbetert – een rendiergewei op te zetten. Schud eventuele kledingstukken af door als een wilde rondjes te gaan rennen en je pootjes in te trekken, alsof 100% katoen gloeiend heet is. Kijk je partner aan alsof dat gejank dat ze zojuist heeft gehoord uit de krochten van de hel afkomstig is.

Bied weerstand, maak stampij en doe alsof je bereid bent een halsslagader open te halen. Pas dan zul je de vrijheid krijgen om jezelf te zijn.

Sta niet meer dan twee koosnaampjes toe

Koosnaampjes zijn een teken van affectie (met uitzondering van de koosnaampjes die beginnen met 'klote' of 'rot'). Maar het is verstandig ze tot twee te beperken. Hoe meer koosnaampjes je geliefde jou geeft, hoe meer je moet onthouden, en hoe idioter en onbegrijpelijker ze worden. Totdat je op een dag in het bijzijn van anderen moet reageren op 'Poepelepoep', zodat al die jaren van zorgvuldig opgebouwde eerbiedwaardigheid meteen bij het grofvuil kunnen, net als al die bankstellen die je naar de vaantjes hebt geholpen.

Maak optimaal gebruik van stiltes

In elke relatie loop je op enig moment het gevaar in een gesprek verzeild te raken, juist als je wilt gaan eten, naar buiten wilt gaan staren of je in de garage wilt verstoppen. Maar soms verstomt het geleuter, vanwege een of ander meningsverschil waar je geen weet van hebt omdat je even niet zat op te letten. Op zulk soort momenten moet je optimaal gebruikmaken van de stilte. Zet je gedachten op een rijtje. Laad de batterij weer op. Focus op jezelf. En word om de paar uur even wakker om te kijken of je partner al woedend van de bank is opgestaan, zodat jij je nog even extra kunt uitrekken.

Toon waardering, zodat je partner je dingen blijft geven

Wij katten hebben een woord dat we kunnen gebruiken om onze partner te bedanken, maar dat zijn we even vergeten. Toch is het belangrijk je waardering te tonen wanneer je partner iets voor je doet, zoals je een speeltje geven. Of beter nog: twee speeltjes (ook al is een van die speeltjes de inhalator die hij voor zichzelf heeft gekocht). Anders geeft je partner je helemaal niks meer, zodat je niets anders kunt dan jezelf wijsmaken dat het spelletje 'gebruikte pleister heen en weer tikken' dezelfde allure heeft als een potje baccarat.

Behoeftige partner? Trap even op de rem

Sommige mensen hebben voortdurend aandacht nodig, ook als je ze een paar uur geleden al op de gang bent tegengekomen. Dat egoïstische claimen van de tijd die je beschikbaar hebt om kopjes te halen kan afmattend zijn.

Neem dus even wat langer de tijd als ze je roepen. Wacht tot ze schor zijn of merken dat je in slaap gesukkeld bent. Wees afwezig door jezelf achter de bank te wurmen. Negeer jammerklachten zoals 'En wie betaalt er voor je voer en pilletjes?' Hoe meer afstand, hoe sneller ze zullen beseffen dat ze beter een hond kunnen aanschaffen voor zulke emotionele chantage.

Hun persoonlijke ruimte is jouw persoonlijke ruimte

De gesloten deur van de woonkamer. De wc die op slot is gedraaid. Het dichtgetrokken douchegordijn. Waarom hechten de mensen met wie je samenwoont – mensen die neuspeuteren of nog ergere dingen doen, terwijl jij je op amper een meter afstand bevindt – ineens zo veel belang aan privacy? Omdat ze iets van plan zijn. En jij hebt het recht om te weten wát. Totdat ze de deur dan toch opendoen en jij beseft dat je eigenlijk wat beters te doen hebt.

Zonder jou geen romantiek

Ben je op het moment vrijgezel? Probeer dan in ieder geval de relatie van anderen te verpesten! Als je twee vrienden het ineens gezellig lijken te krijgen, wurm je dan tussen hen in om duidelijk te maken dat jij het cement in hun nog prille relatie bent. Als ze beginnen te flikflooien, spring dan boven op ze om te laten zien dat je er altijd voor ze zult zijn, hoe wild het er ook aan toe zal gaan. Verkassen ze naar de slaapkamer, spring dan op het bed om te bewijzen dat jij al naakt was lang voordat ze het idee kregen om uit de kleren te gaan.

Wees er voor hen, zodat zij weten dat er niets, maar dan ook niets is wat ze kunnen doen om jou kwijt te raken.

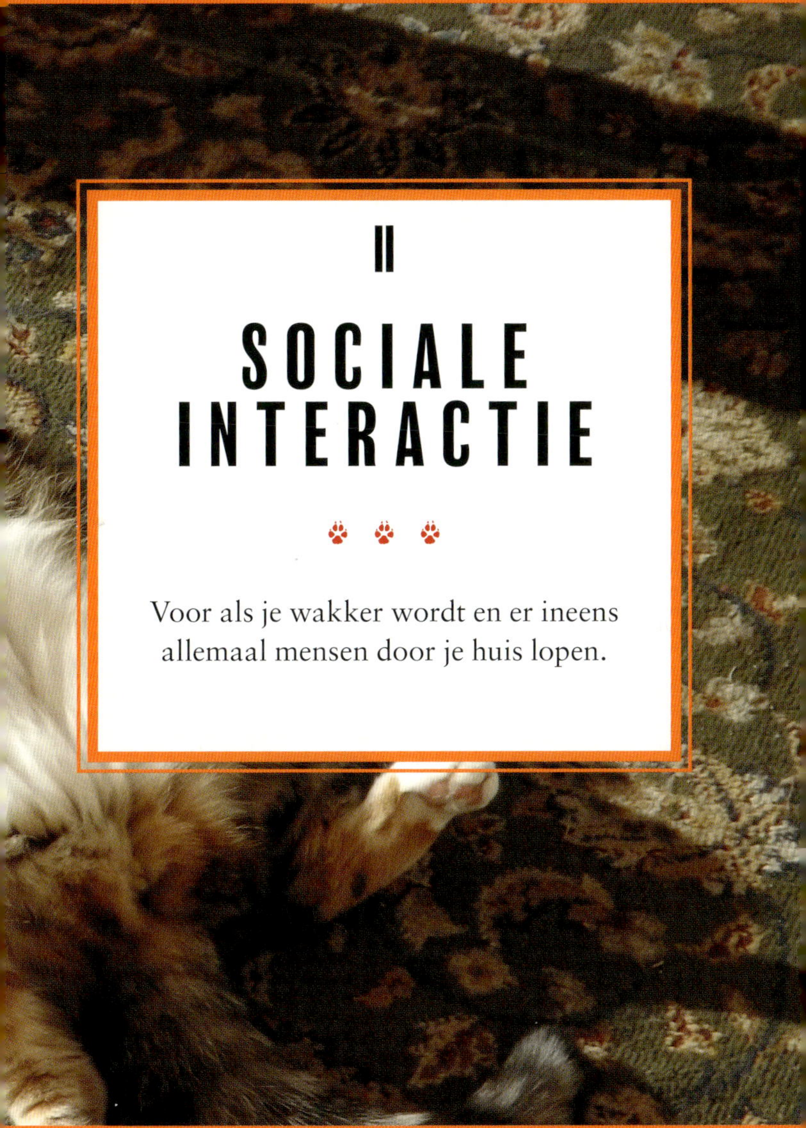

II

SOCIALE INTERACTIE

Voor als je wakker wordt en er ineens allemaal mensen door je huis lopen.

Doe niet aardig tegen onaardige mensen

Zo nu en dan bevind je je in afschuwelijk gezelschap, vaak in de vorm van een ongenode gast of andermans kinderen. En zo nu en dan moeten die mensen aan den lijve ondervinden hoe afschuwelijk ze wel niet zijn. Krom dus je rug om je afkeer te laten blijken. Kijk vol minachting uit je ogen. Stem het volume en de frequentie van je gesis af op jullie onderlinge afstand, alsof de ander een drone is die iets te dichtbij komt.

Kort gezegd: doe alles wat je kunt doen om bij de ander het beeld op te roepen van Maggie Smith uit *Downton Abbey* die ineens beseft dat ze naast een lakei heeft moeten plaatsnemen.

Houd het aantal vrienden tussen 0 en 1

Hoe meer vrienden, hoe meer dingen je moet onthouden. Zoals hun naam. En waarom ze je steeds roepen. En de verschillende manieren waarop je sociale verplichtingen kunt ontlopen. En waar je je kunt verstoppen totdat ze je eindelijk eens met rust laten.

Dat is waarom je alleen 'halve vrienden' moet hebben, of kennissen. Kennissen verwachten niet dat je telkens afspreekt. Kennissen bellen zelden. Sterker nog: kennissen vinden het prima als je je alleen op hun begrafenis even laat zien, en dan nog via een videoverbinding.

Privacy is je niet gegund

Vroeger was het nog zo dat vernederende voorvallen binnenskamers bleven en pas tijdens het kerstmaal met Jan en alleman werden gedeeld. Maar dankzij social media kan elke misstap nu met miljoenen anderen worden gedeeld, onder schreeuwerige koppen zoals 'Klem in de schoenendoos!!!'

Dat betekent dat je je voortdurend moet gedragen alsof iedereen meekijkt. Val niet in slaap op een manier die nog het best kan worden omschreven als 'Lekker onbezorgd' of 'WTF op het handdoekenrek??' Doe niets wat katten normaal gesproken niet zouden doen, zoals pianospelen of je kop in de wc-pot steken. Beweeg je bek niet zodat ze er later een gek stemmetje achter kunnen plakken. Hoe meer je op je hoede bent, hoe kleiner de kans om in een *meme* te veranderen.

Laat anderen naar jou toe komen

Nieuwe vrienden maken gaat evenzeer over de sukkels negeren als over jezelf netjes voorstellen. Dat is waarom je anderen jouw kameraadschap moet laten verdienen door hun eerste, zenuwachtige toenaderingspogingen te monsteren met een blik van 'Heb je kattensnoepjes voor me?' en 'Als je struikelt en van de trap lazert, kijk dan niet gek op als ik nog even doorslaap'. Mochten ze desondanks doorzetten en hun hand naar je uitsteken, kijk er dan chagrijnig naar. Als ze dat tien minuten weten vol te houden, kun je je ontspannen en mogen ze naast je gaan zitten om blijk te geven van hun onderdanigheid.

Betreed elke kamer alsof alles en iedereen aan jou toebehoort

Praat met niemand. Kijk niemand aan. Zet meteen koers naar de tafel met het eten en duw je kop zo diep in de pan dat iedereen denkt dat je macaroni-archeoloog bent. Til je kop pas weer op zodra duidelijk is dat alles op tafel van jou is en de gehaktsaus op tafel wordt gezet.

Wijs iedereen op dezelfde manier af

Als je de wereld onderverdeelt in vrienden en beste vrienden, zul je sommige mensen kwetsen en zullen andere zich iets té op hun gemak gaan voelen en dingen zeggen als: 'Even van mijn schoot af nu.'

Maar als je iedereen die onder je staat gelijk behandelt – waarbij 'onder je' een afstand van enkele honderden meters is – zul je niet alleen lof toegezwaaid krijgen voor je eerlijkheid en egalitaire insteek, maar zorg je ook voor een duidelijke hiërarchie die zelfs de grootste idioten (lees: iedereen) nog moeten kunnen begrijpen.

Niet luisteren, maar staren

Vind je het irritant als mensen praten? En dan vooral over zichzelf en zelden over wanneer het eten nou eens op tafel komt? Gelukkig verwachten niet veel mensen dat je daadwerkelijk iets terugzegt. Ze willen gewoon weten dat er iemand naar ze luistert – iemand anders dan hun moeder. Want dan worden ze niet steeds onderbroken door 'Ik zei het je toch?'

Als er dus iemand tegen je aan begint te praten, kijk hem dan strak aan, spring op zijn borst en knik een paar keer. En ga daarna naar de keuken, want als je ooit een traktatie hebt verdiend, dan is het nu wel.

Blijf mensen inschatten

Mensen zijn wispelturig. De ene dag zijn ze dolblij je te zien, de andere dag beginnen ze tegen je te schreeuwen te midden van de snippers van wat ze ook wel hun 'paspoort' noemen.

Met andere woorden: je weet nooit wat je van ze kunt verwachten. Het is dan ook slim om enige afstand in acht te nemen, maar ze wel zorgvuldig in de gaten te blijven houden. Pareer elke beschuldiging met een uiterst verveelde blik, om duidelijk te maken dat een eventuele ontploffing slechts beantwoord zal worden met gegaap. Zelfs de meest evenwichtige, tevreden mens kan op een gegeven moment, na de zoveelste vaas die je van tafel hebt geveegd, uitroepen: 'Heb je soms een hekel aan me?'

Wees schattig

Schattig is uitnodigend. Schattig is aanlokkelijk. Met schattig haal je mensen over. Met schattig krijg je mensen achter je. Als je schattig bent, kan niemand ooit meer boos op je worden als ze een blik tonijn voor je willen opendraaien, om te ontdekken dat je je al tegoed hebt gedaan aan de biefstuk die ze voor zichzelf in huis hadden gehaald. Wees schattig en wees de baas.

Laat niemand het woord voor je doen

Je hebt overtuigingen. Meningen die je kunt onderbouwen. Wat je niet hebt, is een stem die klinkt als een stripfiguurtje dat zijn twee hersencellen ernstig moet overbelasten om nog enig geluid te kunnen produceren. Maar als je je mening niet kenbaar maakt, zal iemand anders het voor je doen, en dan klinkt het precies zo. En dan zullen anderen gaan geloven dat je inderdaad dingen zegt zoals 'Mjam mjam mjam', 'Lekkere knuffelpuffel' of 'Heb je weer gepiezelepoept op de bak?'

Je mist niet veel

Bang dat iedereen leukere dingen te doen heeft dan jij? Denk niet dat je iets spannends hebt gemist omdat je zestien uur aan één stuk hebt geslapen. Dat je om twee uur 's nachts wakker wordt om te merken dat iedereen in bed ligt en helemaal niks uitspookt, onderstreept wat katten allang weten: dat de wereld zonder jou niet doorgaat met draaien.

Het is prima om verlegen te zijn

Verlang je er bij drukte naar om door de aarde te worden verzwolgen? Niet iedereen is een sociaal dier. Maar als je drie feestlocaties – de tafel (met de hapjes), de wc (om even tot rust te komen) en het raamkozijn (om te staren naar de deur, je eigen voorpootjes of iets onbestemds in de verte) – continu afwisselt, lijkt het alsof je er toch bent, terwijl je je eigenlijk afvraagt hoe je in vredesnaam in deze vicieuze cirkel *from hell* verzeild bent geraakt.

Blijf net lang genoeg zwijgen om serieus te worden genomen

Er is een oud gezegde dat luidt: ‘Hond, hou je kop.’ Want hoe vaker honden blaffen, hoe meer ze hun gebrek aan intellect aantonen. Maar als je enige tijd niets zegt, als je zo diep in gedachten verzonken bent dat je van de vensterbank af glijdt en op het bijzettafeltje stort, zullen mensen denken dat je een zeer diepzinnig wezen bent.

Sluit vriendschap met mensen die dingen kunnen die jij niet kunt, zoals blikjes opendraaien

De scheidslijn tussen 'vrienden' en 'personeel' is dun, maar een goede kat weet precies waar die lijn loopt. Omring jezelf met mensen die de dingen kunnen die jij niet kunt of wilt doen, of het nou gaat om het pakken van iets van de bovenste keukenplank of het bevrijden van je pootjes uit dat kluwen garen. Je vrienden vinden het leuk om tijd met je door te brengen, jij vindt het leuk dat ze lekker bezig zijn, zodat er geen tijd meer over is voor onzinnig gekeuvel. Iedereen blij.

Alles past, als je het maar probeert

Moet je zien te ontkomen aan een ongemakkelijk gesprek? Hebben ze je in een hoek gedrongen, letterlijk dan wel figuurlijk? Geen probleem! Als je maar genoeg in jezelf gelooft, past je hele lichaam in die doos, bloempot, ondergoedlade of Pringles-bus, zodat je je in feite uit elke sociale verplichting kunt terugtrekken. Zorg er alleen voor dat je met je kop begint: alleen de meest praatzieke mens zal zich blijven richten tot je achterwerk.

Drie regels voor het afkappen van geklets

1. Loop halverwege de zin weg. Hún zin, welteverstaan.
2. Druk je pootje liefdevol tegen hun lippen nadat je op de bak bent geweest.
3. Blijf hun neus petsen verkopen alsof het een piñata is waar snoep uit moet vallen.

Als je dan toch sociaal moet doen, doe dat dan thuis

Blijf nooit plakken bij anderen. Spullen liggen op de verkeerde plek. De regels zijn er anders. De regels zijn niet van *jou*. Je moet vragen om water in plaats van dat je gewoon ergens je tong in kunt steken. En als je wat kapotmaakt, klinkt er geen gelaten zucht, maar een hoop getier.

III

WERK EN LOOPBAAN

Voor als je je zinnen hebt gezet op wat van jou is, wat van hen is en wat anderen als lunch hebben klaargemaakt.

Netwerken door je pootjes in iemands kruis te planten

Netwerken betekent niet vriendschappen sluiten. Het gaat om nieuwe contacten leggen, een mogelijke zakelijke samenwerking verkennen en je snel weer uit de voeten maken zodra je beseft dat je een hekel hebt aan alles en iedereen.

Dat is dus waarom je op een netwerkbijeenkomst op de bank moet springen, vol zelfvertrouwen voor je uit moet kijken en zorgvuldig je pootjes in het kruis van de zittende zakenrelatie moet planten alvorens in stilte de kamer weer te verlaten. Men zal snakken naar adem en uitroepen: 'Wie wás dat?' Op die manier kent iedereen je naam terwijl je met onbekende bestemming door de gang banjert, op weg naar een onbekende, maar ongetwijfeld veelbelovende toekomst.

Zorg ervoor dat je agenda totaal niet strookt met die van anderen

Iedereen die wel eens een kantoorbaantje heeft gehad, weet dat het in het zakenleven niet om het resultaat gaat. Het gaat om ellenlange vergaderingen waarin besproken wordt hoeveel er nog moet gebeuren. En die tijdverspilling kun je gemakkelijk voorkomen door aan je werkdag te beginnen zodra de rest naar bed gaat.

Begin dus om één uur 's nachts. Maak genoeg lawaai om je collega's binnen een straal van vijfhonderd meter rond het kantoor te laten weten dat je met iets belangrijks bezig bent. Blijf dat doen tot vijf uur 's ochtends, het tijdstip waarop je je collega's wakker maakt om ervoor te zorgen dat ze ontbijt voor je klaarmaken. Doe in de tussentijd wat je wilt, maar vergeet niet om eventuele rommel in de schoenen te schuiven van de collega die besloten had die dag zijn hond mee te nemen naar kantoor.

Ruim elke ochtend je bureau op

Brievenbakken. Lijstjes. Pennen. Koffie. Telefoon. Computer. Dingen van glas. Begin de werkdag met een schone lei door je werkruimte te ontdoen van alles wat met een enkele beweging van het bureau kan worden geschoven of gewipt.

Op die manier laat je je collega's weten dat het je ernst is en dat je al die rommel niet van het bureau zou hebben geveegd als ze je maar iets meer aandacht hadden gegeven.

Houd de computer zo lang mogelijk bezet

Waarom pauze nemen als er niets lekkerder ligt dan je laptop? Je blijft *connected*. Je bent bezig. Het ding houdt je warm en produceert een elektronisch gebrom dat rustgevend werkt. De toetsen van het toetsenbord masseren je spieren. Het stroomsnoer heeft de bite van trekdrop. De kiertjes tussen de toetsen voeren je speeksel af terwijl je aan het dutten bent. En je collega's lijken zich ermee te vermaken, dus waarom niet eens kijken wat er nou allemaal zo bijzonder is aan dat internet?

Wees blij dat je niet bij het team hoort

Dingen in je eentje doen betekent dat je ook alle lof krijgt toegezwaaid. Maar je bent ook het enige doelwit voor bijtende kritiek zoals: 'Volgens mij is dat jouw pootje in mijn wijn!'

Maar als je onderdeel bent van een team, als je samen met anderen toewerkt naar een gezamenlijk doel, kun je meteen op zoek gaan naar troost of een of ander toevluchtsoord als er iets in de soep loopt. Je collega's krijgen dan van alles de schuld, ondanks het feit dat jij degene bent die is besmeurd met pannenkoekenbeslag.

Ruzie? Elimineer je rivaal

Ruzie met een collega? Loopbaanexperts vinden dat je rivaliteit op de werkvloer het beste kunt oplossen door naar iets te zoeken wat jullie gemeen hebben. Maar dat betekent wel dat je rivaal er nog steeds is. Probeer dus zijn leven zo zuur mogelijk te maken. Geef hem een mep op de gang. Jaag hem van de bak zodat jij die kunt gebruiken. Verorber zijn lunch. Duw hem van zijn stoel. Blijf territorium inpikken en grenzen trekken totdat hij zijn plaats kent of zich in een ander deel van het gebouw verstopt en alleen tevoorschijn durft te komen als je aan het dutten bent of naar de dokter moet voor een prik.

Kom vooruit door op te vallen

In de wereld van vandaag moet je jezelf goed in de markt zetten. Je moet het van de daken schreeuwen: 'HIER BEN IK', niet zozeer in woorden, als wel in daden, bijvoorbeeld door op de schoot of het bord van een collega te springen. Jij moet alle aandacht krijgen, ook als iemand roept: 'We kunnen Peter niet reanimeren als jij op zijn borstkas blijft liggen!'

Met andere woorden: je moet in de huid van anderen kruipen door zo ongemakkelijk dicht in hun buurt te komen dat ze die negen magische woorden uitroepen: 'OKÉ, OKÉ, IK ZIE JE WEL! WAT MOET JE?' Blijf vervolgens onverstoorbaar zitten terwijl ze op antwoord wachten. Het is immers niet jouw taak om voor anderen te denken.

Doe alsof je geen Nederlands verstaat

Of welke taal ze ook spreken. Als je een obstakel voor de communicatie opwerpt, ben je ineens verlost van al die bijeenkomsten en vergaderingen, aangezien je collega's geen kans meer krijgen jou de les te lezen, te bekritiseren, jou op andere gedachten proberen te brengen of voor de aller-, allerlaatste keer te waarschuwen. Ze kunnen dan slechts hun schouders ophalen terwijl jij weer je ding gaat doen of verder smikkelt van die taart die ze voor de verjaardag van de baas hadden meegenomen.

Alles is een prooi. ALLES!

Daarmee bedoelen we niet dat je alles ook moet opeten (hoewel je er wel ten minste één keer je tanden in moet zetten, om het op te eisen). Je hebt in het leven maar twee soorten wezens: jij en je prooien. Prooien om te bestuderen, om op te jagen en om te verschalken. En mocht je dat nodeloos wreed of zelfzuchtig vinden, onthoud dan: de voeten van je collega of dat op de grond gevallen koekje denken precies zo over jou.

Besluiteloos? Je denkt gewoon na!

Je wilt binnenblijven. Je wilt naar buiten. Toch binnenblijven. Of toch naar buiten. Pootje wel of niet in de boter? Je kunt tegelijkertijd met verschillende, vaak met elkaar in tegenspraak lijkende ideeën spelen omdat je een denker bent. Een intellectueel. Je weet dat hoe langer je erover doet om knopen door te hakken, hoe langer je meerdere mogelijkheden tot je beschikking hebt.

Kies een favoriete verstopplek

De zakenwereld kan, net als andere werelden die door mensen worden bevolkt, veeleisend en emotioneel belastend zijn. Mensen blijven je naam roepen, verwachten gezelschap, willen dat je ergens vanaf komt... Het is alsof ze volstrekt niet begrijpen dat je nou eenmaal zwaar chagrijnig bent als je weer eens midden op de dag wakker wordt gemaakt.

Maar de werkdag zal een stuk soepeler verlopen als je je ergens een uurtje of twee, drie kunt verstoppen. Die verstopplek hoeft niet ver weg te zijn of je hele lichaam te verbergen. Hij moet alleen zo goed zijn dat genoeg collega's zullen beseffen dat ze je alleen ten koste van een hoop misbaar en bloedverlies tevoorschijn kunnen halen.

Drie regels voor professioneel succes

1. Eis elke mogelijke zitplek op, zodat niemand anders de vergadering kan bijwonen, ook al betekent dat dat je tussen verschillende delen van de bank heen en weer moet rennen.
2. Voorkom concurrentie door het bedrijf eraan te herinneren wat er allemaal kan gebeuren als er ineens twee van jou zijn.
3. Verhoog je productie door vezelrijk voer te eten, zoals karton.

Ga naakt naar kantoor

Niet blij met jasje-dasje? Dat komt omdat een stropdas zit als een halsband. Het betekent dat iemand zich jouw baas waant en denkt dat je vlooien of teken hebt. Sterker nog, alle kledingstukken zijn vernederend, of je ze nu moet dragen voor een vakantiekiekje of je bedrijfs-id.

Als je echter poedelnaakt op kantoor verschijnt, geef je de boodschap af dat je een eigen identiteit hebt, dat je je met eigen huid en haar volkomen op je gemak voelt, en dat alles waar je op gaat zitten alleen jou toebehoort.

Niet bedelen, maar opeisen

Verlaag je nooit tot vragen, bedelen of smeken. Daarmee geef je alle macht uit handen, zodat anderen iets van je terug kunnen verlangen, zoals een teken van dankbaarheid. En wie wil er nou meedoen aan dat vreselijke spel van voor-wat-hoort-wat?

Eis op wat van jou is en verleg langzaamaan je hele gewicht naar het pootje dat je op een gevoelig deel van hun lichaam hebt gezet. Jij krijgt altijd wat je wilt, zij begrijpen meteen wie de touwtjes in handen heeft, ondanks functie, senioriteit of het aantal uren op de werkdag dat daadwerkelijk wakker wordt doorgebracht. Op die manier ontstaat er weer evenwicht, waarbij jij natuurlijk in het voordeel bent.

Weerleg kritiek door niet te luisteren

Vroeg of laat zul je door je manager worden ontboden en een standje krijgen voor je tegenvallende resultaten. Maar ga niet bedremmeld naar je eigen pootjes staren; kijk je baas recht in de ogen aan. Of eigenlijk niet recht in de ogen, maar net langs hem heen, want wat is dat daar op de muur? Een vlieg? Nee, een vlieg is niet zo groot… Eerder een veeg… Een veeg ja… Wie is er eigenlijk zo aan het tetteren? Hij gaat maar door en weet niet van ophouden… O, jij bent het maar. Jammer dat het geen vlieg is!

Alles voor de deal

Niets is zo mooi als het met succes afronden van een project, waarna je kunt terugblikken en vol overtuiging tegen jezelf kunt zeggen: 'Nu weet ik pas echt dat die rol wc-papier in het personeelstoilet inderdaad duizend vel had.'

Investeer in touw

Geen fascinerender, veelzijdiger product dan touw. Je kunt er pakketjes mee dichtmaken. Het helpt vliegers de lucht in, maar voorkomt tegelijkertijd dat ze wegvliegen. En het speelt een cruciale rol in klassieke kantoorspelletjes zoals ‘Hoe raak ik verstrikt in touw’, ‘Jouw touw, mijn touw’ en ‘Ik heb je trui gemold zodat ik meer touw heb’.

Als je wakker bent: blijf je ontwikkelen

Voel je je een beetje verloren in de zakenwereld? Mocht je niet opgekruld op je bureau liggen en al slapend schattig aan je pootje likken, verken dan je kantoor, en bij voorkeur vanaf enige hoogte, zodat je alles goed in je op kunt nemen.

Raak alles aan. Staar mensen van achter het kopieerapparaat aan. Blijf vragen stellen, en dan niet alleen praktische zoals: 'Hoe ver kan ik dit buigen?' of 'Is dit ook een krabpaal?', maar ook filosofische zoals: 'Hoe ben ik hier verzeild geraakt?'

En als niemand antwoord geeft, luidt het antwoord waarschijnlijk: 'Omdat je je kop op de een of andere manier in de koffiepot hebt weten te persen.'

Geef de door jou gewenste werkplek een geurvlag

Misschien dat mensen verschrikt opkijken. Misschien dat ze hysterisch de beveiliging erbij roepen. Misschien dat ze zich afvragen waarom je de familiefoto van de baas als doelwit hebt uitgekozen. Maar je bent inmiddels bezig met sproeien, dus stoppen is zinloos.

En waarom zou je? Een openstaande deur is als een uitnodiging die moet worden aangenomen. In deze zeer competitieve zakenwereld moet je je territorium opeisen, pakken wat je pakken kunt en kalmpjes uitdruppelen terwijl je je volgende doelwit aan het monsteren bent.

IV

Jij, Jij, JIJ!

Voor als je jezelf eraan moet herinneren om anderen eraan te herinneren hoe waanzinnig je eigenlijk bent.

Meer slapen? Ja!

Je werkt hard en bent vol overgave bezig met propjes en balletjes, en dus moet je veel slapen. En mocht je het bovenstaande niet willen, waarom al die vrije tijd dan niet vullen met nog meer slaap?

Door te slapen kun je niet alleen in alle rust afstand nemen van – of verschoond blijven van – de problemen van alledag, maar houden mensen ook meer rekening met je persoonlijke ruimte. Ze doen hun best je niet te storen, waar je ook ligt, ook al betekent dat dat ze moeten afzien van het gebruik van hun eigen bank, laptop, telefoon, afstandsbediening, tafel, ontbijt, lunch, avondeten, gootsteen, toilet, douche, kledingkast, de enige droge handdoek, hond, hoofd, borstkas, schoot of schouder.

Ga dus weer lekker slapen en de wereld is van jou.

Word elke ochtend wakker alsof je de vorige dag niks verkeerds hebt gedaan

Als je eenmaal ontwaakt en een plaats delict betreedt waar alles op jouw betrokkenheid wijst, als je onverstoorbaar kunt blijven kijken naar alles waaraan je de avond ervoor nog hebt gebungeld voordat de schroeven en andere bevestigingen het begaven, als je iemand die met betraande ogen naar de scherven van een erfstuk staart als opstapje kunt gebruiken om hem vervolgens met hongerige blik vanaf de tafel aan te staren, dan ben je immuun voor enige vorm van stress of twijfel.

Maak tijd vrij om jezelf te vermaken – flink te vermaken

Sommige dagen zul je vullen door rondjes te rennen, rondjes te rennen, rondjes te rennen en rondjes te rennen, zonder te begrijpen waarom. Dat zijn de dagen die je onder 'werk' schaart.

Op die hectische dagen is het belangrijk zo nu en dan te stoppen, even op adem te komen en je achterpoot de lucht in te steken, zodat je dat ene plekje kunt likken alsof het van roomijs is gemaakt. Soms moet je immers jezelf zien te vermaken.

Dat anderen het niet kunnen zien, betekent nog niet dat je er niet achteraan kunt

Liefde. Vriendschap. Succes. Spookmuizen. Als je het je kunt inbeelden, moet je het met alle macht najagen, soms zelfs door de geluidsbarrière te doorbreken. Natuurlijk zullen anderen roepen: 'Er zit daar helemaal niks!' of 'Hoe vaak kun je tegen een muur klappen zonder knock-out te gaan?' Maar niemand heeft ooit wat bereikt door niks te doen... tenzij je niks doet omdat je naar een lege muur aan het staren bent. Want als er toch wat op die muur blijkt te zitten, dan is het die drie dagen wachten méér dan waard geweest.

Je achterwerk is ADEMBENEMEND

En je hebt alle aanleiding om er trots op te zijn. Toon het dus aan de wereld! Laat mensen er lang en intensief naar staren totdat je gedempt gemompel hoort of ‘Lekker. Nu heb ik haar in mijn mond en zit er lippenstift op je kont.’ Want hoe trotser je bent op je lichaam, hoe beter je zelfbeeld. En hoe beter je zelfbeeld, hoe groter de kans dat anderen je zullen begroeten met ‘Mmpff! Jakkes, ik nam net een hap!’

Je beste maatje woont in de spiegel

Als je verdrietig bent of je onbegrepen voelt, kijk dan even in de spiegel. Want daar zul je altijd je beste maatje zien. Je zult ook ontdekken dat je maatje dezelfde smaak heeft qua inrichting als jij. En dat hij zijn blik nooit van je zal afwenden. En dat als jij een pootje uitsteekt, hij een pootje uitsteekt. En dat je in deze knotsgekke wereld altijd van zijn onvoorwaardelijke liefde verzekerd bent.

Zolang je voor de spiegel blijft zitten, tenminste.

Twijfel nooit aan jezelf, tenzij het al te laat is

Om iets in het leven te bereiken moet je soms een sprong in het diepe wagen. Je moet durven zeggen: 'Ik kán dit!' – bij voorkeur terwijl je al door de lucht zweeft, lang voordat de feiten en de verschrikte kreten van de mensen om je heen je op andere gedachten kunnen brengen. Natuurlijk kan het gebeuren dat je de tafelrand op ruime afstand mist. En natuurlijk kan het gebeuren dat je tijdens de sprong die lamp meeneemt. Maar zolang je met opgeheven hoofd en zonder acht te slaan op nevenschade van zulke onfortuinlijke voorvallen kunt weglopen, ben je een winnaar.

Ultimatums zijn nooit het laatste woord

Als je je opties in het leven in ogenschouw neemt, accepteer dan geen 'Nee', 'Niet doen, alsjeblieft' of 'Daarom kunnen we ook nooit eens wat moois kopen' als antwoord. Wacht totdat de doemdenker naar de wc gaat of halverwege zijn antwoord even met de ogen knippert; op dat moment kun je je lotsbestemming triomfantelijk verwezenlijken.

Drie regels voor puur geluk

1. Hou van iedereen, maar in het geniep, zodat mensen voortdurend bij je in het gevlij proberen te komen.
2. Grijp wat er op je pad komt – voordat iemand anders dat kan doen.
3. Sta nooit toe dat iemand je tegen de haren in strijkt, en vooral niet van kont tot kop.

Wees er nooit als ze je nodig hebben

Als mensen je kunnen vinden, kunnen ze iets van je vragen. Maar als ze de hele dag naar je moeten zoeken, om over je te struikelen als jij onder het kleed in de gang ligt te slapen en zij hun handen vol hebben met messen of glazen, zullen ze denken dat je het op ze gemunt hebt en zullen ze je nooit meer lastigvallen.

Wees extreem zelfstandig totdat je wat nodig hebt

Er is een groot verschil tussen een behoeftig type en een zeer zelfstandig, zeer onafhankelijk type met een behoefte. En dat verschil ben JIJ. Jij wilt geen aandacht, jij wilt sympathie, advies, knuffels en iemand die begrijpt dat je even in een moeilijke tijd zit. Dat is niet behoeftig. Dat is je bewust zijn van je emoties. Mensen moeten er voor je zijn totdat je eroverheen bent of ernstig geïrriteerd raakt omdat ze steeds je kop proberen te kussen.

Alles wat je aanraakt, wordt beter

Jij bent de architect van je eigen leven. En de binnenhuisarchitect. Pas je leefomgeving dus naar wens aan, in de wetenschap dat je met elke uithaal, elke pets en elke kreet van afschuw (wanneer je weer eens een kettingreactie in gang zet die de noodzaak van een goede inboedelverzekering onderstreept) je eigen plekje in de wereld weer wat meer 'eigen' maakt.

Schuldig? Rennen!

Soms doe je iets waarna vluchten de enige mogelijkheid is, aangezien blijven betekent dat ze gaan gillen en jij weer moet doen alsof je spijt hebt. In zulke gevallen kun je het best over je daden nadenken van onder het bed, achter de koelkast of tussen de kussens van de bank, in de veronderstelling dat je één bent geworden met de omgeving.

Om na een uurtje of vijf terug te keren, schuldbewust noch begripvol, maar met een enkele, duidelijke boodschap: 'Alles is weer goed!' Zij zullen verbaasd zijn over jouw totale onvermogen om je eigen fouten te erkennen, jij zult verbaasd zijn omdat er nog anderen in jouw huis lijken te wonen. En op dat gedeelde fundament van totale verwarring kan er een nieuwe relatie ontstaan.

Leer dat ene fraaie trucje

Als je ook maar één fraai trucje onder de knie krijgt, zoals het urineren op de daartoe aangewezen plek of reageren op je eigen naam, zal eeuwige lof jouw deel zijn. En gratis voedsel. Je zult anderen vreugde schenken, als dat iets is wat je belangrijk vindt. In het café mag je zelfs je kop in iemands bierpul steken, wat op zich al een fraaie voorstelling kan opleveren.

Wees zo nu en dan een beetje stout

Mensen blijven maar vragen: 'Wat is de zin van het bestaan?' Terwijl ze eigenlijk moeten vragen: 'Hoe voelt het om te léven?' Je leeft namelijk pas echt als je zo nu en dan een beetje in de problemen komt. Rebels doet. Dat geeft je een tintelend gevoel van vrijheid, alsof het tussen jou en die drie kerstballen gaat, en waarbij er maar één mogelijke winnaar kan zijn.

Om je vervolgens drie dagen lang niet te laten zien.

Neem de tijd voor bezinning

Hoorde je wat? Verwachtte je te worden gevoerd? Was je op zoek naar iemand? Of probeerde je juist iemand te ontlopen? Spookt het weer in huis? Wat was het dat je ineens deed besluiten: WOONKAMER! NU! AU, TEGEN DE MUUR! TEGEN EEN ANDERE MUUR! OEPS, WOONKAMER WEER UIT! OKÉ, IK BEN ER! Als je de krachten die je zo opjagen kunt benoemen, kun je je eigen pad kiezen en hoef je nooit meer in opperste verbazing om je heen te kijken met de gedachte: *Het ging me niet om de lamp. Die had ik al gesloopt.*

Wees gerust: iemand ruimt de rommel wel op

Niemand houdt van stof. En vooral jij niet, want stof betekent stofzuiger, dat lawaaiige, enge apparaat met die monsterlijke slang. Maar gelukkig heb jij nooit een stofzuiger nodig, want zodra je er een zootje van maakt – soms in figuurlijke zin, maar meestal letterlijk – is er altijd wel iemand die ten tonele verschijnt om op te ruimen.

Wie die mensen zijn en waarom ze jou maar blijven vervloeken zal waarschijnlijk altijd een raadsel blijven. Maar dankzij die vreemdelingen, die om de een of andere reden jouw naam kennen, hoef je nooit meer over je schouder te kijken om te zien wat je hebt gedaan of hoeveel rollen keukenpapier ervoor nodig zijn om de troep op te ruimen. Je kunt gerust doorgaan met waar je mee bezig was: ontdekken wat er gebeurt als die pot pindakaas op de keukenvloer valt.

Zie dit leven als je negende

Niemand heeft werkelijk negen levens. En voordat je het weet, word je constant opgepakt om van hot naar her te worden gedragen. Zorg er dus voor dat elke dag telt. Kom dus van die luie stoel af – ja, nu – en probeer te ontdekken waarom de hond des huizes maar blijft opgeven over hoe lekker het is om met je billen over nat gras te wrijven.

Dankwoord

Dit boek – en alles wat ik doe – zou niet mogelijk zijn geweest zonder de liefdevolle ondersteuning, aanmoedigingen en meewarige blikken van mijn familie, vrienden en alle huisdieren die ik tot zowel mijn familie als mijn vriendenkring heb mogen rekenen.

Francesco Marciuliano is de schrijver van de bestsellers *I Could Pee on This*, *I Could Chew on This* en *I Knead My Mommy*. Hij is de maker van de internationaal bekende comic *Sally Forth* en de webcomic *Medium Large*. Hij was scenarist van de met een Emmy onderscheiden kinderserie *SeeMore's Playhouse* en heeft bijgedragen aan Onion News Network, Smosh, McSweeney's en het New York International Fringe Festival. Francesco woont in New York City en twittert onder de *handle* @fmarciuliano.